辽宁省地方标准

沥青路面养护工程质量检验评定规范

Quality Inspection and Evaluation Standards for the Asphalt Pavement Maintenance Engineering

DB21/T 2026—2012

主编单位:辽宁省交通工程质量与安全监督局
批准部门:辽宁省质量技术监督局
实施日期:2012 年 12 月 5 日

人民交通出版社

2012 · 北京

图书在版编目(CIP)数据

沥青路面养护工程质量检验评定规范/辽宁省交通工程质量与安全监督局主编. --北京:人民交通出版社, 2012.11

ISBN 978-7-114-10214-1

Ⅰ. ①沥… Ⅱ. ①辽… Ⅲ. ①沥青路面—公路养护—质量检验—规范 Ⅳ. ①U418.6-65

中国版本图书馆 CIP 数据核字(2012)第 278318 号

辽宁省地方标准

书　　名: 沥青路面养护工程质量检验评定规范
著 作 者: 辽宁省交通工程质量与安全监督局
责任编辑: 丁润铎
出版发行: 人民交通出版社
地　　址: (100011)北京市朝阳区安定门外外馆斜街 3 号
网　　址: http://www.ccpress.com.cn
销售电话: (010)59757969,59757973
总 经 销: 人民交通出版社发行部
经　　销: 各地新华书店
印　　刷: 北京市密东印刷有限公司
开　　本: 880×1230　1/16
印　　张: 2.5
字　　数: 61 千
版　　次: 2012 年 11 月　第 1 版
印　　次: 2012 年 11 月　第 1 次印刷
书　　号: ISBN 978-7-114-10214-1
定　　价: 20.00 元

关于发布《沥青路面养护工程质量检验评定规范》（DB21/T 2026—2012）的公告

经辽宁省质量技术监督局审查批准，现发布辽宁省地方标准《沥青路面养护工程质量检验评定规范》（DB21/T 2026—2012），自 2012 年 12 月 5 日起实施。

《沥青路面养护工程质量检验评定规范》（DB21/T 2026—2012）由辽宁省交通工程质量与安全监督局主编，规范的管理权和解释权归辽宁省交通厅，日常解释和管理工作由辽宁省交通工程质量与安全监督局负责。

请各有关单位在实践中注意积累资料，总结经验，及时将发现的问题和修改意见函告辽宁省交通工程质量与安全监督局（地址：沈阳市和平区砂山街 128 号，邮编：110005），以便修订时参考。

特此公告。

辽宁省交通厅

二〇一二年十一月五日

目　　次

前　言

《沥青路面养护工程质量检验评定规范》(以下简称《规范》)是根据辽宁省交通厅科研项目计划任务书——《沥青路面养护工程质量检验评定标准的研究和制定》的要求编制的。

《规范》在编制过程中,认真总结并吸纳了交通运输部和辽宁省相关技术指南、施工规范,对国内外相关技术规范进行了深入调研,通过广泛征求意见,经反复审查,形成了符合辽宁省实际情况的规范。

《规范》共分九章:总则、术语、养护工程质量评定方法、常见局部病害处理、常用养护工艺、封层类路面结构、再生类路面结构、改性类路面结构及桥面防水,另有八个附录和一个附件(条文说明)。

《规范》于2012年11月5日首次发布,管理权和解释权归辽宁省交通厅,日常解释和管理工作由辽宁省交通工程质量与安全监督局负责。

主编单位:辽宁省交通工程质量与安全监督局

参编单位:沈阳三鑫集团有限公司

辽宁省交通科学研究院

主要起草人:郭向前　高玉波　杨芳国　闫福山　鄂宇辉　逯艳华　周乃承　刘云全　王开波　谢永才　王　超　高景华　赵艳新　杨文杰

1 总则

1.1 目的

为了加强辽宁省沥青路面养护工程质量管理、满足工程施工质量控制及评定工作的要求,制定本质量检验评定规范,作为工程施工质量抽查、工程施工质量控制及工程竣(交)工验收时工程质量检验评定的依据。

1.2 适用范围

本规范适用于沥青路面养护工程的质量检验评定,其他采用类似结构工程可参照本规范执行。

本规范适用于施工单位、工程监理单位、建设单位、质量检测机构和质量监督部门对养护类路面结构施工质量的管理、监控和检验评定。

1.3 与相关规范关系

《规范》没涵盖的应参照现行国家标准和行业标准。

2 术语

2.1

检验 inspection

对检验项目中的性能进行量测、检查、试验等,并将结果与标准规定要求进行比较,以确定每项性能是否合格而进行的活动。

2.2

评定 evaluation

依据检验结果对工程质量进行评分并确定其等级的活动。

2.3

关键项目 dominant item

涉及结构安全和使用功能的重要实测项目。

2.4

一般项目 general item

分项工程中除关键项目以外的实测项目。

2.5

外观(质量) quality of appearance

通过观察和必要的量测所反映的工程外在质量。

2.6

权值 weight number

对工程项目或检测指标根据其重要程度所赋予的数值。

3 养护工程质量评定方法

3.1 一般规定

3.1.1 根据建设任务、施工管理和质量检验评定的需要,应在施工准备阶段按本标准附录 A 将建设项目划分为单位工程、分部工程和分项工程。施工单位、工程监理单位和建设单位应按相同的工程项目划分进行工程质量的监控和管理。

a) 单位工程

在建设项目中,根据签订的合同,具有独立施工条件的工程。

b） 分部工程

在单位工程中，应按结构部位及施工特点或施工任务划分为若干个分部工程。

c） 分项工程

在分部工程中，应按不同的施工方法、材料、工序等划分为若干个分项工程。

3.1.2 工程质量检验评分以分项工程为单元，采用100分制进行。在分项工程评分的基础上，逐级计算各相应分部工程、单位工程评分值。

3.1.3 工程质量评定等级分为合格与不合格，应按分项、分部、单位工程逐级评定。

3.1.4 施工单位应对各分项工程按本标准所列的基本要求、实测项目和外观鉴定进行检验评定，提交真实、完整的自检资料。

工程监理单位应按规定要求对工程质量进行独立抽检，频率不低于施工单位自检频率的20%，对施工单位检评资料进行签认，对工程质量进行评定。

建设单位根据对工程质量的检查及平时掌握的情况，对工程监理单位所做的工程质量评分及等级进行审定。

质量监督部门、质量检测机构可根据本规范对公路工程质量进行检测评定。

3.2 工程质量评分

3.2.1 分项工程质量评分

分项工程质量检测内容包括基本要求、实测项目、外观鉴定和质量保证资料四部分。只有在其适用的原材料、半成品、成品及施工工艺符合基本要求的规定，且无严重外观缺陷和质量保证资料真实并基本齐全时，才能对分项工程质量进行检验评定。

涉及结构安全和使用功能的重要实测项目为关键项目（在文中以“△”标识），其合格率不得低于90%，且检测值不得超过规定极值，否则必须进行返工处理。

实测项目的规定极值是指任一单个检测值都不能突破的极限值，不符合要求时该实测项目为不合格。

关键项目不符合要求时则该分项工程评为不合格。

分项工程的评分值满分为100分，按实测项目采用加权平均法计算；存在外观缺陷或资料不全时，应予减分。

$$\text{分项工程得分} = \frac{\sum[\text{检查项目得分} \times \text{权值}]}{\sum \text{检查项目权值}} \tag{1}$$

$$\text{分项工程评分值} = \text{分项工程得分} - \text{外观缺陷减分} - \text{资料不全减分} \tag{2}$$

a） 基本要求检查

分项工程所列基本要求，对施工质量优劣具有关键作用，应按基本要求对工程进行认真检查。经检查不符合基本要求规定时，不得进行工程质量的检验和评定。

b） 实测项目计分

对规定检查项目采用现场抽样方法，按照规定频率和下列计分方法对分项工程的施工质量直接进行检测计分。

检查项目除按数理统计方法评定的项目以外，均应按单点（组）测定值是否符合标准要求进行评定，并按合格率计分。

$$\text{检查项目合格率} = \frac{\text{检查合格的点（组）数}}{\text{全部检查点（组）数}} \times 100\% \tag{3}$$

$$\text{检查项目得分} = \text{检查项目合格率} \times 100 \tag{4}$$

c） 外观缺陷减分

对工程外表状况应逐项进行全面检查，如发现外观缺陷，应进行减分。对于较严重的外观缺陷，施工单位须采取措施进行整修处理。

d） 资料不全减分

分项工程的施工资料和图表残缺，缺乏最基本的数据，或有伪造涂改者，不予检验和评定。资料不全者应予减分，减分幅度可按本标准 3.2.2 条所列各款逐款检查，视资料不全情况，每款减 1 ~ 3 分。

3.2.2 质量保证资料

施工单位应有完整的施工原始记录、试验数据、分项工程自查数据等质量保证资料，并进行整理分析，负责提交齐全、真实和系统的施工资料和图表。工程监理单位负责提交齐全、真实和系统的监理资料。质量保证资料应包括以下内容：

a） 所用原材料、半成品、成品质量检验结果（须满足规定的检验频数）。

b） 材料标准配合比和施工配合比、拌和、加工、控制、检验和试验数据（须满足规定的检验频数）。

c） 设计及设计变更的依据和其他有关部门资料。

d） 各项质量控制指标的试验记录和质量检验汇总图表。

e） 施工过程中遇到的非正常情况记录及其对工程质量的影响分析。

f） 施工中如发生质量事故，经补修处理后，可达到设计要求的认可证明文件等。

g） 原路况调查资料（包括影像、图片）、隐蔽工程质量检验评定资料。

h） 原设计文件。

3.3 工程质量等级评定

3.3.1 分项工程质量等级评定

分项工程评分值不小于 75 分者为合格，小于 75 分者为不合格。

评定为不合格的分项工程，经修补或返工，满足设计要求后，可以重新评定其质量等级，但计算分部工程评分值时按其复评分值的 90% 计算。

3.3.2 分部工程质量等级评定

所属各分项工程全部合格，则该分部工程评为合格；所属任一分项工程不合格，则该分部工程为不合格。

3.3.3 单位工程质量等级评定

所属各分部工程全部合格，则该单位工程评为合格；所属任一分部工程不合格，则该单位工程为不合格。

4 常见局部病害处理

4.1 开槽灌缝

4.1.1 基本要求

a） 灌缝所用乳化沥青、灌缝胶等原材料性能、规格和质量应符合设计要求和施工技术规范规定。

b） 缝中杂物及尘土应清除干净，应除去裂缝的松动边缘。

c） 开槽后，应保证槽内干净无残留物，干燥无水分。

d） 灌缝应保证饱满。

4.1.2 实测项目

实测项目见表 1。

表1　开槽灌缝实测项目

项次	检查项目	规定值或允许偏差		检查方法和频率	权值
		高速公路 一级公路	其他公路		
1	灌缝深度(mm)	不小于开槽深度		取芯检测或探针检测，每20道缝抽检1处，且每公里不少于3处	1
2	灌缝宽度(mm)	不小于设计值			1

4.1.3　外观鉴定

漏灌每处减1～2分。

4.2　修补坑槽

4.2.1　基本要求

a)　修补所用原材料性能、规格和质量应符合设计要求和施工技术规范规定。

b)　开槽前应确定好破坏部分的范围及深度，并认真做好记录，按“圆洞方补、斜洞正补”的原则画出修补轮廓线进行开槽。

c)　开槽成型后，保证槽内无松散，尘土等必须清理干净，同时保证干燥无水分。

d)　切缝完成后还应洒黏层油，洒布符合本标准4.4的有关要求。

4.2.2　实测项目

实测项目见表2。

表2　修补坑槽实测项目

项次	检查项目	规定值或允许偏差		检查方法和频率	权值
		高速公路 一级公路	其他公路		
1	与原路面高差(mm)	≤2	≤3	3m直尺在新旧结合处检测，每公里每车道5处	1
2△	压实度(%)	≥96	≥96	优先采用无损方法检测，每公里每车道5处	3
3	渗水系数(mL/min)	≤80	—	渗水试验仪在新旧结合处检测，每公里每车道5处	2

4.2.3　外观鉴定

坑槽修补混合料应平整密实，无离析、分层及开裂，不符合要求时，每处减1～2分。

4.3　翻浆处理

4.3.1　基本要求

a)　翻浆处理所用材料性能和质量应符合设计要求和施工技术规范规定。

b)　路基、垫层、基层处理应达到设计要求。

4.3.2　实测项目

实测项目见表3。

4.3.3　外观鉴定

翻浆处理处应平整密实、无离析，不符合要求时，每处减1～2分。

表 3　翻浆处理实测项目

项次	检查项目	规定值或允许偏差		检查方法和频率	权值
		高速公路 一级公路	其他公路		
1	与原路面高差(mm)	≤5	≤10	3m 直尺在新旧结合处检测，每公里每车道 1 处	1
2△	压实度(%)	≥96	≥96	优先采用无损方法检测，每公里每车道 1 处	3
3	渗水系数(mL/min)	≤80	—	渗水试验仪在新旧结合处检测，每公里每车道 1 处	2
4	垫层厚度	符合设计要求		每 200m^2 测 1 处	2
5	基层厚度	符合设计要求		每 200m^2 测 1 处	2
6	基层强度	符合设计要求		每 200m^2 测 1 处	2
7	基层压实度	符合设计要求		每 200m^2 测 1 处	2

5　常用养护工艺

5.1　路面铣刨

5.1.1　基本要求

a) 路面铣刨前要对原路况认真调查并做好记录。

b) 对局部破坏严重的区域进行处理；局部清除区域应形成较规则的矩形。

c) 铣刨清理后，不得有松散和夹层；原有路面裂缝需按设计要求认真处理。

d) 漏铣刨面积之和不得超过铣刨面积的 0.5%。

5.1.2　实测项目

实测项目见表 4。

表 4　路面铣刨实测项目

项次	检查项目		规定值或允许偏差		检查方法和频率	权值
			高速公路 一级公路	其他公路		
1△	铣刨深度(mm)		-10%H	-15%H	挂线尺量：每 100m 测 1 个断面，每断面测 5 点	3
2	宽度(mm)		不小于设计值		尺量：每 200m 测 1 处	2
3	平整度	最大间隙(mm)	≤10	≤20	3m 直尺：每车道每 200m 测 1 处，10 尺	1
4	残留物(g/m^2)		≤50	≤100	用毛刷清扫：每 200m 抽查 1m^2	2
注：H 指设计铣刨厚度。						

5.1.3　外观鉴定

漏铣刨每处或每平方米减 2 分。

5.2 黏层油

5.2.1 基本要求

a） 黏层所用材料需满足设计和施工规范的要求。黏层施工时，天气、温度、风力等需要满足设计和施工规范要求。

b） 黏层施工前，需对下承层进行认真的清扫并做好裂缝的处理，严禁有浮土、油污等杂物。

c） 喷洒均匀，花白面积之和不得超过洒布面积的1%。

5.2.2 实测项目

实测项目见表5。

表5 路面黏层实测项目

项次	检 查 项 目	规定值或允许偏差		检查方法和频率	权值
		高速公路 一级公路	其他公路		
1△	洒布量（L/m^2）	不小于设计值		检测单位面积用量：每200m测1处	3
2	宽度（mm）	不小于设计值		尺量：每200m测1处	2

5.2.3 外观鉴定

喷洒不均匀或出现花白现象时，每处或每平方米减1～2分。

5.3 透层油

5.3.1 基本要求

a） 路面透层所用沥青性能和质量应符合设计要求和施工技术规范规定。

b） 喷洒前应清除基层表面浮尘，同时对人工构造物（如路缘石）进行适当防护，防止污染。

c） 喷洒均匀，花白面积之和不得超过洒布面积的1%。

5.3.2 实测项目

实测项目见表6。

表6 路面透层油实测项目

项次	检 查 项 目	规定值或允许偏差		检查方法和频率	权值
		高速公路 一级公路	其他公路		
1	渗透深度（mm）	符合设计要求		取芯：每200m测1处	1
2	宽度（mm）	不小于设计值		尺量：每200m测1处	2
3△	洒布量（L/m^2）	不小于设计值		检测单位面积质量：每200m测1处	3

5.3.3 外观鉴定

喷洒不均匀或出现花白现象时，每处或每平方米减1～2分。

6 封层类路面结构

6.1 碎石封层

碎石封层主要包括乳化沥青碎石封层、纤维碎石封层、橡胶沥青碎石封层等。

6.1.1 基本要求

a） 原路面或基层强度应满足设计要求。表面应干净平整、密实，横坡顺适。

b) 所用的原材料(乳化沥青、改性乳化沥青、纤维及碎石等)性能、规格和质量应符合设计要求和施工技术规范规定。

c) 矿料级配和沥青用量应符合设计要求。

d) 碎石撒布应均匀、适时;封层不得有损坏,碾压充分且不能过压,保证石料的完整性。

e) 沥青喷洒应均匀,无花白,不得污染其他构筑物;必须处理好施工接缝。

f) 橡胶沥青碎石封层施工气温不得低于15℃,橡胶沥青洒布黏度、洒布温度、石料的预处理程度、干燥程度需满足设计要求。

6.1.2 实测项目

实测项目见表7。

表7 碎石封层实测项目

<table>
<tr><th rowspan="2">项次</th><th colspan="3" rowspan="2">检 查 项 目</th><th colspan="2">规定值或允许偏差</th><th rowspan="2">检查方法和频率</th><th rowspan="2">权值</th></tr>
<tr><th>高速公路
一级公路</th><th>其他公路</th></tr>
<tr><td>1</td><td colspan="3">宽度(mm)</td><td colspan="2">-50</td><td>尺量:每200m测1处</td><td>1</td></tr>
<tr><td rowspan="2">2△</td><td colspan="2" rowspan="2">碎石覆盖率(%)</td><td>表层</td><td colspan="2">≥80</td><td rowspan="2">图像分析:每200m测1处,按附录G评定</td><td rowspan="2">3</td></tr>
<tr><td>非表层</td><td colspan="2">≥70</td></tr>
<tr><td>3</td><td colspan="3">渗水系数(mL/min)</td><td colspan="2">≤5</td><td>渗水试验仪:每200m测1处</td><td>2</td></tr>
<tr><td rowspan="4">4</td><td rowspan="4">抗滑</td><td rowspan="2">摩擦系数</td><td>表层</td><td>符合设计要求</td><td rowspan="2">—</td><td rowspan="2">横向力系数测定车:全线连续,按附录E评定</td><td rowspan="4">2</td></tr>
<tr><td>非表层</td><td>—</td></tr>
<tr><td rowspan="2">构造深度</td><td>表层</td><td>符合设计要求</td><td rowspan="2">—</td><td rowspan="2">铺砂法:每200m测1处</td></tr>
<tr><td>非表层</td><td>—</td></tr>
<tr><td>5△</td><td colspan="3">沥青洒布量(L/m²)</td><td colspan="2">符合设计要求</td><td>检测单位面积质量:每200m测1处</td><td>3</td></tr>
</table>

6.1.3 外观鉴定

a) 封层表面不应有脱落、松散、推移等现象。有上述缺陷的,每处减1~2分。

b) 接缝平顺,不得污染沿线构造物。不符合要求时,每处减1~2分。

c) 封层与原路面结合牢固。松散、脱落、分层等缺陷的,每处减1~2分。

6.2 稀浆封层

稀浆封层包括微表处、乳化稀浆封层、纤维稀浆封层等。

6.2.1 基本要求

a) 原路面或基层强度应满足设计要求。表面应平整、密实,横坡顺适。

b) 所用的乳化沥青(改性乳化沥青)、添加剂等原材料性能、规格和质量应符合设计要求和施工技术规范规定。

c) 稀浆封层的矿料级配和沥青用量应符合设计要求,负荷车轮、黏附性两项指标必须满足设计要求。

6.2.2 实测项目

实测项目见表8。

表8 稀浆封层实测项目

<table>
<tr><th rowspan="2">项次</th><th rowspan="2" colspan="3">检 查 项 目</th><th colspan="2">规定值或允许偏差</th><th rowspan="2">检查方法和频率</th><th rowspan="2">权值</th></tr>
<tr><th>高速公路
一级公路</th><th>其他公路</th></tr>
<tr><td>1</td><td colspan="3">宽度(mm)</td><td colspan="2">-50</td><td>尺量:每200m测1处</td><td>1</td></tr>
<tr><td rowspan="2">2△</td><td rowspan="2" colspan="2">厚度
(mm)</td><td>平均值</td><td colspan="2">不小于设计值</td><td rowspan="2">取芯尺量:每200m测1个断面,每断面每车道测1处,按附录C评定</td><td rowspan="2">3</td></tr>
<tr><td>极值</td><td colspan="2">-10%H</td></tr>
<tr><td rowspan="4">3</td><td rowspan="4">抗滑</td><td rowspan="2">摩擦
系数</td><td>上封层</td><td>符合设计要求</td><td rowspan="2">—</td><td rowspan="2">摆式仪:每200m测1处;
横向力系数测定车:全线连续,按附录E评定</td><td rowspan="4">2</td></tr>
<tr><td>下封层</td><td>—</td></tr>
<tr><td rowspan="2">构造
深度</td><td>上封层</td><td>符合设计要求</td><td rowspan="2">—</td><td rowspan="2">铺砂法:每200m测1处</td></tr>
<tr><td>下封层</td><td>—</td></tr>
<tr><td>4</td><td colspan="3">渗水系数(mL/min)</td><td>≤10</td><td>≤10</td><td>渗水试验仪:每200m测1处</td><td>2</td></tr>
<tr><td colspan="8">注:H为稀浆封层设计总厚度(mm)。</td></tr>
</table>

6.2.3 外观鉴定

a) 稀浆封层表面平整、密实,纹理均匀,无明显拉伤、刮痕。不符合要求时,每处减1~2分。

b) 稀浆封层应与原路面结合牢固,松散、脱落缺陷的面积不应超过受检面积的0.5%。不符合要求时,每超过0.1%减1分。

c) 稀浆封层纵横向接缝应整齐、平顺。不符合要求时,每处减1~2分。

d) 稀浆封层与构造物衔接应平顺。不符合要求时,每处减1~2分。

6.3 开普封层

6.3.1 基本要求

a) 原路面或基层强度应满足设计要求。表面应平整、密实,横坡顺适。

b) 所用的结合料、添加剂及碎石等原材料性能、规格和质量应符合设计要求和施工技术规范规定。

c) 矿料级配和沥青用量应符合设计要求,负荷车轮、黏附性两项指标必须满足设计要求。

d) 碎石撒布应均匀、适时;封层不得有损坏,碾压充分且不能过压,保证石料的完整性。

e) 沥青喷洒应均匀,无花白,不得污染其他构筑物;必须处理好施工接缝。

f) 橡胶沥青碎石封层施工气温不得低于15℃,橡胶沥青洒布黏度、洒布温度、石料的预处理程度、干燥程度需满足设计要求。

6.3.2 实测项目

实测项目见表9。

6.3.3 外观鉴定

a) 开普封层表面平整、密实,纹理均匀,无明显拉伤、刮痕。不符合要求时,每处减1~2分。

b) 开普封层应与原路面结合牢固,松散、脱落缺陷的面积不应超过受检面积的0.5%。不符合要求时,每超过0.5%减1分。

c) 开普封层纵横向接缝应整齐、平顺。不符合要求时,每处减1~2分。

d) 开普封层与构造物衔接应平顺。不符合要求时,每处减1~2分。

<table>
<caption>表 9　开普封层实测项目</caption>
<tr><th rowspan="2">项次</th><th rowspan="2" colspan="2">检 查 项 目</th><th colspan="2">规定值或允许偏差</th><th rowspan="2">检查方法和频率</th><th rowspan="2">权值</th></tr>
<tr><th>高速公路
一级公路</th><th>其他公路</th></tr>
<tr><td>1</td><td colspan="2">宽度(mm)</td><td colspan="2">-50</td><td>尺量:每 200m 测 1 处</td><td>1</td></tr>
<tr><td>2△</td><td colspan="2">碎石覆盖率(%)</td><td>≥70</td><td>≥70</td><td>图像分析:每 200m 测 1 处,按附录 G 评定</td><td>3</td></tr>
<tr><td rowspan="2">3△</td><td rowspan="2">厚度(mm)</td><td>平均值</td><td colspan="2">不小于设计值</td><td rowspan="2">取芯:每 200m 测 1 个断面,每断面每车道测 1 处,按附录 C 评定</td><td rowspan="2">3</td></tr>
<tr><td>极值</td><td colspan="2">-10% H</td></tr>
<tr><td>4</td><td colspan="2">渗水系数(mL/min)</td><td>≤5</td><td>≤5</td><td>渗水试验仪:每 200m 测 1 处</td><td>2</td></tr>
<tr><td rowspan="2">5</td><td rowspan="2">抗滑</td><td>摩擦系数</td><td>符合设计要求</td><td>—</td><td>横向力系数测定车:全线连续,按附录 E 评定</td><td rowspan="2">2</td></tr>
<tr><td>构造深度</td><td>符合设计要求</td><td>—</td><td>铺砂法:每 200m 测 1 处</td></tr>
<tr><td>6△</td><td colspan="2">沥青洒布量(L/m^2)</td><td colspan="2">符合设计要求</td><td>检测单位面积质量:每 200m 测 1 处</td><td>3</td></tr>
<tr><td colspan="7">注:H 为开普封层设计总厚度(mm)。</td></tr>
</table>

6.4　超薄罩面结构

6.4.1　基本要求

a)　改性剂、基质沥青、集料的质量应符合设计要求和施工规范的要求。

b)　清理路表的杂物和浮灰,确保施工前路表的清洁。罩面部位均匀洒布高黏度改性乳化沥青,洒布不均匀的局部处应该进行处理,有裂缝的路段应该采用贴缝胶或高黏沥青处理。

c)　各种矿料和沥青用量以及各种添加剂添加程序和沥青混合料的加热温度应符合设计要求和施工规范的要求。

d)　拌和后的混合料应均匀一致,无花白或离析现象。

6.4.2　实测项目

实测项目见表 10。

<table>
<caption>表 10　超薄罩面结构实测项目</caption>
<tr><th rowspan="2">项次</th><th rowspan="2" colspan="2">检 查 项 目</th><th colspan="2">规定值或允许偏差</th><th rowspan="2">检查方法和频率</th><th rowspan="2">权值</th></tr>
<tr><th>高速公路
一级公路</th><th>其他公路</th></tr>
<tr><td>1</td><td colspan="2">宽度(mm)</td><td colspan="2">-50</td><td>尺量:每 200m 测 1 处</td><td>2</td></tr>
<tr><td rowspan="2">2△</td><td rowspan="2">厚度(mm)</td><td>平均值</td><td colspan="2">不小于设计值</td><td rowspan="2">取芯:每 200m 测 1 处</td><td rowspan="2">3</td></tr>
<tr><td>极值</td><td>-10% H</td><td>-20% H</td></tr>
<tr><td rowspan="2">3</td><td rowspan="2">抗滑</td><td>摩擦系数(摆值)</td><td colspan="2">符合设计要求</td><td>连续检测摆式仪:每 200m 测 1 处</td><td>2</td></tr>
<tr><td>构造深度(mm)</td><td colspan="2">符合设计要求</td><td>铺砂法:每 200m 测 1 处</td><td>2</td></tr>
<tr><td>4</td><td colspan="2">渗水系数(mL/min)</td><td colspan="2">≤80</td><td>渗水试验仪:每 200m 测 1 处</td><td>2</td></tr>
<tr><td colspan="7">注:H 为超薄罩面设计总厚度(mm)。</td></tr>
</table>

6.4.3 外观鉴定

a) 表面平整、密实,无明显压路机轮迹、裂缝、推挤、明显离析等缺陷。不符合要求时,每处减1~2分。

b) 纵横向接缝应整齐、平顺。不符合要求时,每处减1~2分。

c) 与原路面结合牢固,松散、脱落等缺陷的面积不得超过受检面积的0.05%。不符合要求时,每超过0.05%减1分。

7 再生类路面结构

7.1 就地冷再生

7.1.1 基本要求

a) 所用水泥、碎石及拌和用水等各种新加材料的性能指标符合设计及相关规范要求。

b) 沥青层就地冷再生应使用乳化沥青、泡沫沥青作为再生结合料;全深式就地冷再生既可使用乳化沥青、泡沫沥青等沥青类的再生结合料,也可使用水泥、石灰等无机结合料作为再生结合料。当使用水泥、石灰等作为再生结合料时,再生层只可作为基层。再生结合料撒布量应满足设计要求。

c) 添加的水泥、碎石等材料应撒布均匀,水泥用量及新混合料级配应按设计控制准确。

d) 再生深度应按设计控制准确,严格控制基层厚度和高程,其路拱横坡应与面层基本一致。

e) 碾压检查合格后应立即覆盖或洒水养生,养生期应符合设计及规范要求。

7.1.2 实测项目

实测项目见表11。

表11 就地冷再生实测项目

<table>
<tr><th rowspan="2">项次</th><th rowspan="2" colspan="3">检 查 项 目</th><th colspan="2">规定值或允许偏差</th><th rowspan="2">检查方法和频率</th><th rowspan="2">权值</th></tr>
<tr><th>高速公路
一级公路</th><th>其他公路</th></tr>
<tr><td>1</td><td colspan="3">宽度(mm)</td><td colspan="2">不小于设计值</td><td>尺量:每200m测4个断面</td><td>1</td></tr>
<tr><td rowspan="4">2△</td><td rowspan="4">厚度
(mm)</td><td rowspan="2">基层</td><td>代表值</td><td>—</td><td>-10</td><td rowspan="2">取芯:每200m每车道测1处</td><td rowspan="2">3</td></tr>
<tr><td>极值</td><td>—</td><td>-20</td></tr>
<tr><td rowspan="2">底基层</td><td>代表值</td><td>-10</td><td>-12</td><td rowspan="2">取芯:每200m每车道测1处</td><td rowspan="2">3</td></tr>
<tr><td>极值</td><td>-20</td><td>-25</td></tr>
<tr><td rowspan="2">3△</td><td rowspan="2" colspan="2">强度
(MPa)</td><td>抗压强度</td><td colspan="2">符合设计要求</td><td>按附录F方法检查</td><td rowspan="2">3</td></tr>
<tr><td>15℃劈裂强度</td><td colspan="2">符合设计要求</td><td>每工作日1次</td></tr>
<tr><td>4</td><td colspan="3">横坡(%)</td><td colspan="2">±0.3</td><td>尺量:每200m测4处</td><td>1</td></tr>
<tr><td rowspan="2">5△</td><td rowspan="2" colspan="2">压实度
(%)</td><td>乳化沥青再生</td><td>≥90</td><td>≥88</td><td>按附录B检查,每车道每公里检测1处</td><td>3</td></tr>
<tr><td>其他</td><td>≥98</td><td>≥97</td><td>每车道每公里检测1处</td><td>3</td></tr>
<tr><td rowspan="2">6</td><td rowspan="2">平整度</td><td>基层</td><td rowspan="2">最大间隙 h
(mm)</td><td>≤8</td><td>≤10</td><td rowspan="2">3m直尺:每200m测2处×10尺</td><td rowspan="2">1</td></tr>
<tr><td>底基层</td><td>≤12</td><td>≤15</td></tr>
</table>

7.1.3 外观鉴定

a) 基层表面平整密实、无坑洼、无明显离析。不符合要求时,每处减 1 ~ 2 分。

b) 施工接茬平整、稳定。不符合要求时,每处减 1 ~ 2 分。

7.2 厂拌冷再生

7.2.1 基本要求

a) 新添加的沥青、碎石等原材料性能、规格和质量应符合设计要求和施工技术规范规定。

b) 旧料应破碎充分,新拌混合料沥青含量及矿料级配应符合设计要求。

c) 15℃劈裂强度、干湿劈裂强度比、马歇尔稳定度、残留稳定度、冻融劈裂强度比等指标应符合设计要求。

d) 下承层应密实平整,强度符合设计要求。

e) 拌和时间应适宜,拌和后的冷再生混合料应均匀一致,无结团成块现象。

f) 厂拌冷再生混合料每层压实厚度不宜大于 160mm,且不宜小于 60mm。

7.2.2 实测项目

实测项目见表 12。

表 12 厂拌冷再生实测项目

项次	检查项目		规定值或允许偏差		检查方法和频率	权值
			高速公路 一级公路	其他公路		
1	宽度(mm)		不小于设计值		尺量:每 200m 测 4 个断面	1
2△	厚度(mm)	代表值	-8		取芯:每 200m 每车道测 1 处	3
		极值	-15			
3△	强度(MPa)	抗压强度	符合设计要求		按附录 F 方法检查	3
		15℃劈裂强度	符合设计要求		每工作日 1 次	
4	横坡(%)		±0.3		尺量:每 200m 测 4 处	1
5	高程(mm)		±10		尺量:每 200m 测 4 处	1
6△	压实度(%)	乳化沥青再生	≥90	≥88	按附录 B 检查,每车道每公里检测 1 处	3
		其他	≥98	≥97	每车道每公里检测 1 处	
7	平整度	最大间隙 h(mm)	≤8		3m 直尺:每 200m 测 2 处 × 10 尺	1

7.2.3 外观鉴定

a) 基层表面应平整密实、无坑洼、无明显离析。不符合要求时,每处减 1 ~ 2 分。

b) 施工接茬应平整、稳定。不符合要求时,每处减 1 ~ 2 分。

7.3 就地热再生

7.3.1 基本要求

a) 所用的沥青、碎石及添加剂等原材料性能、规格和质量应符合设计要求和施工技术规范规定。

b) 施工中应按设计要求对原路面、再生后路面进行沥青抽提试验,随时检测沥青各项指标、调整再生剂用量,使再生后路面沥青混合料各项指标达到设计要求。

c) 下承层应密实平整,强度符合设计要求。

d) 不得在雨天施工,严禁在过湿或积水的路面上施工。

e) 封闭交通时可进行自然养生,再生层在完成至少 24h 后方可开放交通。

7.3.2 实测项目

实测项目见表 13。

表 13 就地热再生实测项目

<table>
<tr><th rowspan="2">项次</th><th rowspan="2" colspan="2">检 查 项 目</th><th colspan="2">规定值或允许偏差</th><th rowspan="2">检查方法和频率</th><th rowspan="2">权值</th></tr>
<tr><th>高速公路
一级公路</th><th>其他公路</th></tr>
<tr><td>1</td><td colspan="2">宽度(mm)</td><td colspan="2">不小于设计值</td><td>尺量:每公里 20 个断面</td><td>1</td></tr>
<tr><td rowspan="2">2△</td><td rowspan="2">厚度
(mm)</td><td>再生厚度</td><td colspan="2">-5</td><td rowspan="2">取芯:每 200m 测 1 处</td><td rowspan="2">3</td></tr>
<tr><td>加铺厚度</td><td colspan="2">±3</td></tr>
<tr><td rowspan="2">3</td><td rowspan="2">平整度</td><td rowspan="2">IRI(m/km)</td><td rowspan="2"><3.0</td><td rowspan="2"><4.0</td><td>平整度仪:全线每车道连续按每 100m 计算 IRI 或 σ</td><td>2</td></tr>
<tr><td>3m 直尺:每 200m 测 2 处×10 尺</td><td>2</td></tr>
<tr><td>4</td><td colspan="2">与相邻路面高差(mm)</td><td colspan="2">符合设计要求</td><td>尺量:每 200m 测 1 处</td><td>2</td></tr>
<tr><td>5</td><td colspan="2">弯沉(0.01mm)</td><td colspan="2">符合设计要求</td><td>按附录 D 检查</td><td>2</td></tr>
<tr><td>6△</td><td>压实度
(%)</td><td>代表值</td><td colspan="2">试验室标准密度的 96%;
最大理论密度的 92%;
试验段密度的 98%</td><td>按附录 B 检查,每 200m 测 1 处</td><td>3</td></tr>
<tr><td rowspan="3">7</td><td rowspan="3">抗滑</td><td rowspan="2">摩擦系数(摆值)</td><td rowspan="2" colspan="2">符合设计要求</td><td>横向力系数测定车:全线连续,按附录 E 评定</td><td rowspan="3">2</td></tr>
<tr><td>摆式仪:每 200m 测 1 处</td></tr>
<tr><td>构造深度(mm)</td><td colspan="2">符合设计要求</td><td>铺砂法:每 200m 测 1 处</td></tr>
<tr><td>8</td><td colspan="2">渗水系数(mL/min)</td><td>≤80</td><td>—</td><td>渗水试验仪:每 200m 测 1 处</td><td>2</td></tr>
<tr><td>9</td><td colspan="2">横坡(%)</td><td>±0.3</td><td>±0.5</td><td>尺量:每 200m 测 4 处</td><td>1</td></tr>
<tr><td>10</td><td colspan="2">中线平面偏位(mm)</td><td>±20</td><td>±30</td><td>经纬仪:每 200m 测 4 处</td><td>1</td></tr>
</table>

7.3.3 外观鉴定

a) 表面应平整密实,不应有泛油、松散、裂缝和明显离析等现象。对于高速公路和一级公路,有上述缺陷的面积(凡属单条的裂缝,则按其实际长度乘以 0.2m 宽度,折算成面积)之和不得超过受检面积的 0.03%,其他公路不得超过 0.05%。不符合要求时,每超过 0.03% 或 0.05% 减 2 分。

半刚性基层的反射裂缝可不计作施工缺陷,但应及时进行灌缝处理。

b) 搭接处应紧密、平顺,烫缝不应枯焦。不符合要求时,累计每 10m 长减 1 分。

c) 面层与路缘石及其他构筑物应密贴接顺,不得有积水或漏水现象。不符合要求时,每处减 1 ~ 2 分。

7.4 厂拌热再生

7.4.1 基本要求

a) 严格控制回收沥青路面材料的级配、含水率以及新加材料的质量及施工温度,各项指标应符合设计和施工规范要求。

b) 施工中新加入的材料及再生沥青混合料检查项目及频率应按照《公路沥青路面施工技术规范》(JTG F40—2004)中表 11.4.3、表 11.4.4 进行控制。

c） 拌和后的再生沥青混合料应均匀一致，无花料，无粗细料分离和结团成块现象。基层必须碾压密实，表面干燥、清洁、无浮土。

7.4.2 实测项目

实测项目见表14。

表14 厂拌热再生实测项目

项次	检查项目		规定值或允许偏差		检查方法和频率	权值
			高速公路 一级公路	其他公路		
1△	压实度（%）		试验室标准密度的96%； 最大理论密度的92%； 试验段密度的98%		按附录B检查，每200m测1处	3
2	平整度	σ（mm）	≤1.2	≤2.5	平整度仪：全线每车道连续按每100m计算IRI或σ	2
		IRI（m/km）	≤2.0	≤4.2		
		最大间隙h（mm）	—	≤5	3m直尺：每200m测2处×10尺	
3	弯沉值（0.01mm）		符合设计要求		按附录D检查	2
4	渗水系数（mL/min）		≤80	—	渗水试验仪：每200m测1处	2
5	抗滑	摩擦系数	符合设计要求	—	摆式仪：每200m测1处； 摩擦系数测定车：全线连续	2
		构造深度			铺砂法：每200m测1处	
6△	厚度（mm）	代表值	总厚度：－5%H 上面层：－10%h	－8%H	按附录C检查，双车道每200m测1处	3
		合格值	总厚度：－10%H 上面层：－20%h	－15%H		
7	中线平面偏位（mm）		20	30	经纬仪：每200m测4个点	1
8	纵断高程（mm）		±15	±20	水准仪：每200m测4个断面	1
9	宽度（mm）	有侧石	±20	±30	尺量：每200m测4个断面	1
		无侧石	不小于设计值			
10	横坡（%）		±0.3	±0.5	水准仪：每200m测4处	1

注1：表内压实度可选用其中的1个或2个标准评定；选用2个标准时，以合格率低的作为评定结果。
注2：表列厚度仅规定负允许偏差。H为沥青层设计总厚度（mm），h为沥青上面层设计厚度（mm）。

7.4.3 外观鉴定

a） 表面应平整密实，不应有泛油、松散、裂缝和明显离析等现象。对于高速公路和一级公路，有上述缺陷的面积（凡属单条的裂缝，则按其实际长度乘以0.2m宽度，折算成面积）之和不得超过受检面积的0.03%，其他公路不得超过0.05%。不符合要求时，每超过0.03%或0.05%减2分。

半刚性基层的反射裂缝可不计作施工缺陷，但应及时进行灌缝处理。

b） 搭接处应紧密、平顺，烫缝不应枯焦。不符合要求时，累计每10m长减1分。

c） 面层与路缘石及其他构筑物应密贴接顺，不得有积水或漏水现象。不符合要求时，每处减1～2分。

8 改性类路面结构

改性类路面结构主要包括SBS改性沥青路面、橡胶沥青路面、硫磺沥青路面、SBR改性沥青路面、温拌沥青混合料(WMA)路面、沥青玛蹄脂碎石(SMA)路面及高模量沥青混凝土路面等。

8.1 基本要求

a) 沥青混合料所用的沥青、矿料及添加剂等原材料性能、规格、质量和级配应符合设计要求和施工规范的规定。

b) 严格控制各种矿料和沥青用量及各种材料和沥青混合料的加热温度,沥青材料及混合料的各项指标应符合设计和施工规范要求。当气温低于15℃时,不应进行橡胶沥青路面施工。沥青混合料的生产,每日应做抽提试验、马歇尔稳定度试验。矿料级配、沥青含量、马歇尔稳定度等结果的合格率应不小于90%。

c) 拌和后的沥青混合料应均匀一致,无花白,无粗细料分离和结团成块现象。

d) 基层必须碾压密实,表面干燥、清洁、无浮土,其平整度和路拱度应符合要求。

e) 摊铺时,应严格控制摊铺厚度和平整度,避免离析,同时注意控制摊铺和碾压温度,碾压至要求的密实度。

f) 胶粉现场储存不能超过180d,沥青要求采用现场加工方式,橡胶沥青的加工温度应控制在180~200℃,宜随产随用,应在6h内使用完毕,在储存罐中储存温度应控制在170~190℃;橡胶沥青路面应待摊铺层完全自然冷却至常温后,方可开放交通,一般宜控制在24h后开放交通。

g) 硫磺沥青拌和温度不宜超过150℃。

h) 高模量沥青混凝土在拌和过程中,需严格控制温度以保证添加剂与集料均匀拌和;在压实过程中,应合理设置压实工艺和机具配置,确保压实效果。

8.2 实测项目

实测项目见表15。

表15 改性沥青路面实测项目

<table>
<tr><th rowspan="2">项次</th><th colspan="2" rowspan="2">检查项目</th><th colspan="2">规定值或允许偏差</th><th rowspan="2">检查方法和频率</th><th rowspan="2">权值</th></tr>
<tr><th>高速公路
一级公路</th><th>其他公路</th></tr>
<tr><td>1△</td><td colspan="2">压实度(%)</td><td colspan="2">试验室标准密度的96%(*98%);
最大理论密度的92%(*94%);
试验段密度的98%(*99%)</td><td>按附录B检查,每200m测1处</td><td>3</td></tr>
<tr><td rowspan="3">2</td><td rowspan="3">平整度</td><td>σ(mm)</td><td>≤1.2</td><td>≤2.5</td><td rowspan="2">平整度仪:全线每车道连续按每100m计算IRI或σ</td><td rowspan="3">2</td></tr>
<tr><td>IRI(m/km)</td><td>≤2.0</td><td>≤4.2</td></tr>
<tr><td>最大间隙(mm)</td><td>—</td><td>≤5</td><td>3m直尺:每200m测2处×10尺</td></tr>
<tr><td>3</td><td colspan="2">弯沉值(0.01mm)</td><td colspan="2">符合设计要求</td><td>按附录D检查</td><td>2</td></tr>
<tr><td>4</td><td colspan="2">渗水系数(mL/min)</td><td>≤80</td><td>—</td><td>渗水试验仪:每200m测1处</td><td>2</td></tr>
<tr><td rowspan="2">5</td><td rowspan="2">抗滑</td><td>摩擦系数</td><td rowspan="2">符合设计要求</td><td rowspan="2">—</td><td>摆式仪:每200m测1处;
摩擦系数测定车:全线连续</td><td rowspan="2">2</td></tr>
<tr><td>构造深度</td><td>铺砂法:每200m测1处</td></tr>
</table>

续上表

项次	检查项目		规定值或允许偏差		检查方法和频率	权值
			高速公路 一级公路	其他公路		
6△	厚度(mm)	代表值	总厚度：−5% H 上面层：−10% h	−8% H	按附录 C 检查，双车道每 200m 测 1 处	3
		合格值	总厚度：−10% H 上面层：−20% h	−15% H		
7	中线平面偏位(mm)		20	30	经纬仪：每 200m 测 4 个点	1
8	纵断高程(mm)		±15	±20	水准仪：每 200m 测 4 个断面	1
9	宽度(mm)	有侧石	±20	±30	尺量：每 200m 测 4 个断面	1
		无侧石	不小于设计值			
10	横坡(%)		±0.3	±0.5	水准仪：每 200m 测 4 处	1

注 1：表内压实度可选用其中的 1 个或 2 个标准评定；选用 2 个标准时，以合格率低的作为评定结果。带 * 号者是指 SMA 路面。

注 2：表列厚度仅规定负允许偏差。H 为沥青层设计总厚度(mm)，h 为沥青上面层设计厚度(mm)。

8.3 外观鉴定

a) 表面应平整密实，不应有泛油、松散、裂缝和明显离析等现象。对于高速公路和一级公路，有上述缺陷的面积(凡属单条的裂缝，则按其实际长度乘以 0.2m 宽度，折算成面积)之和不得超过受检面积的 0.03%，其他公路不得超过 0.05%。不符合要求时，每超过 0.03% 或 0.05% 减 2 分。

半刚性基层的反射裂缝可不计作施工缺陷，但应及时进行灌缝处理。

b) 搭接处应紧密、平顺，烫缝不应枯焦。不符合要求时，累计每 10m 长减 1 分。

c) 面层与路缘石及其他构筑物应密贴接顺，不得有积水或漏水现象。不符合要求时，每处减 1 ~ 2 分。

9 桥面防水

9.1 基本要求

a) 防水层铺设材料的规格和性能以及防水层的不透水性应符合设计要求，并至少应有不低于桥面沥青混凝土铺装层使用年限的寿命，能适应动荷载及混凝土桥面开裂时不损坏的特点。

b) 防水层施工前，混凝土表面应清除垃圾、杂物、油污与浮浆，并保持干净和干燥。

c) 应严格按规定的工艺施工。

d) 预计涂料表面在干燥前会下雨时，则不应施工。施工过程中，严禁踩踏未干的防水层。防水层养护结束后、桥面铺装完成前，行驶车辆不得在其上急转弯或紧急制动。

9.2 实测项目

实测项目见表 16。

表 16 防水层实测项目

项次	检 查 项 目	规定值或允许偏差	检查方法和频率	权值
1△	防水涂膜厚度(mm)	符合设计规定,设计未规定时,±0.1	测厚仪:每 200m^2 测 4 个点或按材料用量推算	1
2△	黏结强度(MPa)	不小于设计要求,且≥0.3(常温),≥0.2(气温≥35℃)	拉拔仪:每 200m^2 测 4 个点(拉拔速度:10mm/min)	1

9.3 外观鉴定

a) 防水涂料应喷涂整个混凝土表面。如有遗漏必须进行处理,并减 1 ~3 分。

b) 防水层应表面平整,无空鼓、脱落、翘边等缺陷。不符合要求时必须进行处理,并减 3 ~5 分。

附 录 A

单位、分部及分项工程的划分

单位、分部及分项工程的划分见表 A.1。

表 A.1 单位、分部及分项工程的划分

<table>
<tr><th rowspan="2">工程项目</th><th colspan="2">单 位 工 程</th><th colspan="2">分 部 工 程</th><th colspan="2">分 项 工 程</th></tr>
<tr><th>名称</th><th>划分原则</th><th>名称</th><th>划分原则</th><th>名称</th><th>划分原则</th></tr>
<tr><td rowspan="2">每一个计划项目为一个工程项目</td><td>大中修项目</td><td rowspan="2">每一个合同段作为一个单位工程</td><td>上面层
中面层
下面层
基层
桥面防水
其他(铣刨、黏层、透层)</td><td>每层为一个分部工程;立交区、匝道每处为一个分部工程</td><td>上面层
中面层
下面层
基层
桥面防水
其他(铣刨、黏层、透层)</td><td>根据封闭段的长度,单幅每结构层 1 ~ 2km 为一个分项工程;立交区、匝道每处为一个分项工程;每座桥面防水作为一个分部工程</td></tr>
<tr><td>小修保养</td><td>封层
开槽灌封
修补坑槽
翻浆处理
其他</td><td>每类为一个分部工程</td><td>封层
开槽灌封
修补坑槽
翻浆处理
其他</td><td>根据封闭段的长度,单幅 1 ~ 2km 为一个分项工程;立交区、匝道每处为一个分项工程</td></tr>
<tr><td colspan="7">注:如果大中修项目含桥面维修时,则桥面防水应单独作为一个分部工程。</td></tr>
</table>

附 录 B

路面压实度评定

B.1 路面基层、底基层的压实度以重型击实标准为准。沥青层压实度以《沥青路面施工技术规范》(JTG F40—2004)的规定为准。

B.2 标准密度应做平行试验,求其平均值作为现场检验的标准值。

B.3 路面压实度以1~3km长的路段为检验评定单元,按本标准各有关章节要求的检测频率进行现场压实度抽样检查,求算每一测点的压实度 K_i。细粒土现场压实度检查可以采用灌砂法或环刀法,粗粒土及路面结构层压实度检查可以采用灌砂法、水袋法或钻孔取样蜡封法。应用核子密度仪时,须经对比试验检验,确认其可靠性。

检验评定段的压实度代表值 K(算术平均值的下置信界限)为:

$$K = \bar{k} - \frac{t_\alpha}{\sqrt{n}}S \geqslant K_0 \quad (B.1)$$

式中:$\bar{k}$——检验评定段内各测点压实度的平均值;

t_α——t 分布表中随测点数和保证率(或置信度 α)而变的系数;t_α 见表 B.1。采用的保证率:

高速公路、一级公路:基层、底基层为99%,路面面层为95%;

其他公路:基层、底基层为95%,路面面层为90%;

S——检测值的标准差;

n——检测点数;

K_0——压实度标准值。

表 B.1 $t_\alpha/\sqrt{n}$ 值

n \ 保证率	99%	95%	90%	n \ 保证率	99%	95%	90%
2	22.501	4.465	2.176	17	0.626	0.423	0.324
3	4.021	1.686	1.089	18	0.605	0.410	0.314
4	2.270	1.177	0.819	19	0.586	0.398	0.305
5	1.676	0.953	0.686	20	0.568	0.387	0.297
6	1.374	0.823	0.603	21	0.552	0.376	0.289
7	1.188	0.734	0.544	22	0.537	0.367	0.282
8	1.060	0.670	0.500	23	0.523	0.358	0.275
9	0.966	0.620	0.466	24	0.510	0.350	0.269
10	0.892	0.580	0.437	25	0.498	0.342	0.264
11	0.833	0.546	0.414	26	0.487	0.335	0.258
12	0.785	0.518	0.393	27	0.477	0.328	0.253
13	0.744	0.494	0.376	28	0.467	0.322	0.248
14	0.708	0.473	0.361	29	0.458	0.316	0.244
15	0.678	0.455	0.347	30	0.449	0.310	0.239
16	0.651	0.438	0.335	40	0.383	0.266	0.206

续上表

保证率 n	99%	95%	90%
50	0.340	0.237	0.184
60	0.308	0.216	0.167
70	0.285	0.199	0.155
80	0.266	0.186	0.145
90	0.249	0.175	0.136
100	0.236	0.166	0.129
>100	$\frac{2.3265}{\sqrt{n}}$	$\frac{1.6449}{\sqrt{n}}$	$\frac{1.2815}{\sqrt{n}}$

基层和底基层：$K \geqslant K_0$，且单点压实度 K_i 全部大于或等于规定值减2%时，评定路段的压实度合格率为100%；当 $K \geqslant K_0$，且单点压实度全部大于或等于规定极值时，按测定值不低于规定值减2%的测点数计算合格率。

$K < K_0$ 或某一单点压实度 K_i 小于规定极值时，该评定路段压实度为不合格，相应分项工程评为不合格。

路堤施工段落短时，分层压实度应点点符合要求，且样本数不少于6个。

沥青面层：当 $K \geqslant K_0$ 且全部测点大于等于规定值减1%时，评定路段的压实度合格率为100%；当 $K \geqslant K_0$ 时，按测定值不低于规定值减1%的测点数计算合格率。

$K < K_0$ 时，评定路段的压实度为不合格，相应分项工程评为不合格。

附 录 C

路面结构层厚度评定

C.1 路段内路面结构层厚度按代表值和单个合格值的允许偏差进行评定。

C.2 按规定频率,采用挖验或钻取芯样测定厚度。

C.3 厚度代表值为厚度的算术平均值的下置信界限值,即:

$$X_{L} = \overline{X} - \frac{t_{\alpha}}{\sqrt{n}}S \tag{C.1}$$

式中:X_L——厚度代表值(算术平均值的下置信界限);

$\overline{X}$——厚度平均值;

S——标准差;

n——检测点数;

t_α——t 分布表中随测点数和保证率(或置信度 α)而变的系数,可查表 B.1。采用的保证率:

高速、一级公路:基层、底基层为 99%,面层为 95%;

其他公路:基层、底基层为 95%,面层为 90%。

C.4 当厚度代表值大于或等于设计厚度减去代表值允许偏差时,则按单个检查值的偏差不超过单点合格值来计算合格率;当厚度代表值小于设计厚度减去代表值允许偏差时,相应分项工程评为不合格。

代表值和单点合格值的允许偏差见本规范第 7 章各节实测项目表。

C.5 沥青面层一般按沥青铺筑层总厚度进行评定,高速公路和一级公路分 2 ~ 3 层铺筑时,还应进行上面层厚度检查和评定。

附 录 D

基层、沥青路面弯沉值评定

D.1 弯沉值用贝克曼梁或自动弯沉仪测量。每一双车道评定路段(不超过1km)检查80~100个点,多车道公路必须按车道数与双车道之比,相应增加测点。

D.2 弯沉代表值为弯沉测量值的上波动界限,用下式计算:

$$l_r = \bar{l} + Z_\alpha S \tag{D.1}$$

式中:l_r——弯沉代表值(0.01mm);

$\bar{l}$——实测弯沉的平均值;

S——标准差;

Z_α——与要求保证率有关的系数,见表D.1。

表 D.1 Z_α 值

层 位	Z_α	
	高速公路、一级公路	二、三级公路
沥青面层	1.645	1.5
路基	2.0	1.645

D.3 当基层、底基层的弯沉代表值不符合要求时,可将超出 $\bar{l} \pm (2\sim3)S$ 的弯沉特异值舍弃,重新计算平均值和标准差。对舍弃的弯沉值大于 $\bar{l} + (2\sim3)S$ 的点,应找出其周围界限,进行局部处理。

用两台弯沉仪同时进行左右轮弯沉值测定时,应按两个独立测点计,不能采用左右两点的平均值。

D.4 弯沉代表值大于设计要求的弯沉值时相应分项工程为不合格。

D.5 测定时的路表温度对沥青面层的弯沉值有明显影响,应进行温度修正。当沥青层厚度小于或等于50mm时,或路表温度在20℃±2℃范围内,可不进行温度修正。

若在非不利季节测定时,应考虑季节影响系数。

附 录 E

路面横向力系数评定

E.1 评定路段内的路面横向力系数按 SFC 的设计或验收标准值进行评定。

E.2 SFC 代表值为 SFC 算数平均值的下置信界限值,即:

$$SFC_r = \overline{SFC} - \frac{t_\alpha}{\sqrt{n}}S \tag{E.1}$$

式中:SFC_r——SFC 代表值;

$\overline{SFC}$——平均值;

S——标准差;

n——检测点数;

t_α——t 分布表中随测点数和保证率(或置信度 α)而变的系数,可查表 B.1。采用的保证率:高速公路、一级公路为 95%;其他公路为 90%。

E.3 当 SFC 代表值不小于设计或验收标准时,按单个 SFC 值计算合格率;当 SFC 代表值小于设计值或标准值时,相应分项工程评为不合格。

附 录 F
半刚性基层和底基层材料强度评定

F.1 半刚性基层和底基层材料强度,以规定温度下保湿养生 6d、浸水 1d 后的 7d 无侧限抗压强度为准。

F.2 在现场按规定频率取样,按工地预定达到的压实度制备试件。每 2000m^2 或每工作班制备 1 组试件:对于稳定细粒土、中粒土或粗粒土,当多次偏差系数 $C_v \leqslant 10\%$ 时,可为 6 个试件;$C_v = 10\% \sim 15\%$ 时,可为 9 个试件;$C_v > 15\%$ 时,则需 13 个试件。

F.3 试件的平均强度 $\overline{R}$ 应满足下式要求:

$$\overline{R} \geqslant R_d / (1 - Z_\alpha C_v) \quad \text{(F.1)}$$

式中:R_d——设计抗压强度(MPa);

C_v——试验结果的偏差系数(以小数计);

Z_α——标准正态分布表中随保证率而变的系数。

高速公路、一级公路:保证率 95%,$Z_\alpha = 1.645$;

其他公路:保证率 90%,$Z_\alpha = 1.282$。

F.4 评定路段内半刚性材料强度评为不合格时相应分项工程为不合格。

附 录 G
碎石覆盖率检测

G.1 试验目的

通过数字图像处理方法,快速量测碎石覆盖面积,直接评价撒布质量。

G.2 试验仪器

胶片扫描仪、数码相机。

G.3 试验步骤

G.3.1 拍摄照片

下封层碎石撒布完成12h内,使用数码相机按规定频率拍摄封层照片。拍摄时间不宜超过12h,否则路面污染将使照片模糊不清,为后期处理带来不便。

G.3.2 数字图像处理

将封层照片假设为沥青混合料试件截面,根据其灰度直方图,进行图像分割操作,经分析面积为50像素以下的图形不可能为碎石颗粒,固滤去此类图形。如采用米格纸方法计算碎石覆盖率时,本步骤需人工通过透明米格纸计算。

G.4 计算覆盖面积

$$S_i = \frac{\mathrm{Area}_{\mathrm{aggregate}}}{\mathrm{Area}_{\mathrm{image}}} \times 100\% \tag{G.1}$$

式中: S_i——测点碎石覆盖面积(%);

$\mathrm{Area}_{\mathrm{aggregate}}$——撒布碎石的面积(像素);

$\mathrm{Area}_{\mathrm{image}}$——整幅图片的面积(像素)。

G.5 报告

列表逐点报告每个检测路段各个测点的石料覆盖率,取平均值为该检测路段的石料覆盖率,标明施工日期、测试日期、测点位置,并描述路段交通量、路况情况等。

附　录　H

本规范用词说明

为了准确地掌握本规范，对执行本规范严格程度的用词作如下规定：

一、表示很严格，非这样做不可的用词

正面词采用“必须”，反面词采用“严禁”。

二、表示严格，在正常情况下均应这样做的用词

正面词采用“应”，反面词采用“不应”或“不得”。

三、表示允许稍有选择，在条件许可时首先应这样做的用词

正面词采用“宜”，反面词采用“不宜”。

四、表示有选择，在一定条件下可以这样做的用词

采用“可”。

附件

《沥青路面养护工程质量检验评定规范》

(DB21/T 2026—2012)

条 文 说 明

1 总则

1.1 目的

条文中进一步明确了制定本标准的目的，是作为工程施工质量抽查、工程施工质量控制及工程竣(交)工验收时工程质量评定的依据。

1.2 适用范围

条文中规定“本规范适用于沥青路面养护工程的质量检验评定，其他采用类似结构工程可参照本规范执行”中的“其他”是指新建公路工程中使用的封层(橡胶沥青碎石封层、稀浆封层等)、透层、黏层等也可参照本规范执行。

本规范从质量管理体制方面规定适用于施工单位、工程监理单位、建设单位、质量检测机构和质量监督部门对对工程质量进行检查鉴定、抽查认定、自查自控等质量管理过程。

1.3 与相关规范关系

在公路施工、质量管理和检验评定中，如沥青贯入式等结构等新建项目相同的养护项目严格按部颁《公路工程质量检验评定标准》(JTG F80/1—2004)执行。

2 术语

对本标准中出现的主要专用名词术语主要参照《公路工程质量检验评定标准》(JTG F80/1—2004)。

3 工程质量评定方法

工程质量评定方法主要参照《公路工程质量检验评定标准》(JTG F80/1—2004)，3.2.2 质量保证资料中根据养护工程的实际情况适当进行修改。

4 常见局部病害处理

4.1 开槽灌缝

灌缝是路面常用养护方法，通过开槽机对裂缝开槽后，用热喷枪或吹风机将槽内的碎渣及灰尘吹净，再用灌缝机将密封胶灌缝到裂缝，从而修补裂缝，并确保道路的整体使用性能，可延长公路的使用寿命。

灌缝时应注意确保使材料和缝壁紧密结合。

4.2 修补坑槽

仅适用于大中修工程，小修保养及抢险工程不适用于本规范。

渗水系数选择在路面坑槽的新旧结合处进行检测的原因是：该处为最薄弱环节，通过最薄弱环节的检测保证工程整体质量。

4.3 翻浆处理

b) 施工单位必须提供路基、垫层、基层施工过程原始记录、试验报告等，以用于评定，不易于大面积检测以查阅资料为准。

5 常见养护工艺

5.1 路面铣刨

基本要求及实测项目主要参照 2003 年辽宁省交通厅发布的《辽宁省高速公路大中修工程质量检验评定补充标准》中 2.1。

5.2 黏层油

实测项目主要参照2003年辽宁省交通厅发布的《辽宁省高速公路大中修工程质量检验评定补充标准》中2.2。

检查方法、频率、外观鉴定等内容根据现有施工水平进行调整。

5.3 透层油

a) 在无结合料粒料基层上洒布透层油时，宜在铺筑沥青层前1~2d洒布。透层油宜采用沥青洒布车一次喷洒均匀。使用的喷嘴宜根据透层油的种类和黏度选择并保证均匀喷洒，沥青洒布车喷洒不均匀时宜改用手工沥青洒布机喷洒。如遇大风或降雨时，不得喷洒透层油。

b) 透层油必须洒布均匀，有花白遗漏应人工补洒，喷洒过量时应立即撒布石屑或砂吸油，必要时作适当碾压。透层油洒布后不得在表面形成能被运料车和摊铺机粘起的油皮。

c) 透层油洒布后的养生时间随透层油的品种和气候条件由试验确定，确保液体沥青中的稀释剂全部挥发，乳化沥青渗透且水分蒸发，然后尽早铺筑沥青面层，防止工程车辆损坏透层油。

6 封层类路面结构

6.1 碎石封层

原材料的基本要求中尤其要注意石料洁净干燥，以确保封层质量。实测项目中渗水系数指标参照《辽宁省碎石封层施工技术规范》(暂行)中附录一碎石封层验收检测及质量等级评定表。

手工方法：现场拍照，用透明米格纸计算覆盖面积。

检查项目中碎石覆盖率指标，采用现场拍照，然后采用专业软件进行图像分析。现场拍照时要求光线充足，垂直于路面进行拍摄。具体检测方法(本标准附录G)主要参考《辽宁省碎石封层施工技术规范》(暂行)中附录B.6。为了保证检测精度及效率，应优先考虑采用专业软件进行数字图像处理分析方法；如不具备专业图像分析软件，可采用透明米格纸方法计算覆盖率。

检测抗滑性能指标，主要是为了保证行车安全。

6.2 稀浆封层

重点提出负荷车轮、黏附性两指标试验必需合格，以确保沥青用量满足要求。

部分检测指标参照《稀浆封层设计与施工技术指南》(DB21/T 1848—2010)中表7.4稀浆封层验收标准。

6.3 开普封层

参照6.1、6.2。

6.4 超薄罩面结构

主要包括易密实超薄罩面(ECA)等结构类型。

7 再生类路面结构

本章所检测路拱横坡允许偏差，是指实测值与设计值之间的偏差。

7.1 就地冷再生

部分基本要求及检测评定内容主要参考《公路沥青路面再生技术规范》(JTG F41—2008)。

部分内容参考辽宁省交通工程质量与安全监督局2008年发布的关于《沥青路面水泥稳定就地冷再生基层质量检验评定标准(试行)》(LNJT G01—2008)的公告(第1号)。

7.2 厂拌冷再生

不适用于半柔性基层。

部分基本要求及检测评定内容主要参考《公路沥青路面再生技术规范》(JTG F41—2008)。

7.3 就地热再生

部分基本要求主要参考《公路沥青路面再生技术规范》(JTG F41—2008)。

检测项目、方法、频率及外观鉴定等内容参照《公路工程质量检验评定标准》(JTG F80/1—2004)中表9和辽宁省地方标准《厂拌热再生技术指南》(DB21/T 1847—2010)。

考虑到再生混合料的特殊性,必要时应增加再生沥青混合料弯曲试验。

7.4 厂拌热再生

与相邻路面高差(mm)检查项目在单车道再生时进行检测,全幅再生时不用检测。

8 改性类路面结构

基本要求、实测项目及外观鉴定参照《公路工程质量检验评定标准》(JTG F80/1—2004)、辽宁省地方标准《硫磺沥青路面施工技术规范》(DB21/T 1780—2010)、辽宁省地方标准《沥青玛蹄脂碎石混合料设计与施工技术规范》(DB21/T 1403—2006)执行,施工工艺可参照辽宁省地方标准《SBR改性沥青混合料设计与施工技术规范》(DB21/T 1780—2010)执行。

9 桥面防水

参照《公路工程质量检验评定标准》(JTG F80/1—2004)中8.12.1。

附录A 单位、分部及分项工程的划分

本规范分部、分项工程划分以1~2km为一个评定单元,原则上每个单位工程按每1km划分为一个评定单元,不足1km划分为一个评定单元,特殊情况1km以上且不足2km的也可划分为一个评定单元。

如果一个项目中含有大修、中修、小修保养等多种类别,先按类别划分后分别评定,再进行项目综合评分。

铣刨、黏层油、透层油等作为路面养护工程中的重要工序,被单独划分为一个分部工程。

附录B 压实度评定

参照《公路工程质量检验评定标准》(JTG F80/1—2004)中附录B。

附录C 路面结构层厚度评定

参照《公路工程质量检验评定标准》(JTG F80/1—2004)中附录H。

附录D 基层、沥青路面弯沉值评定

参照《公路工程质量检验评定标准》(JTG F80/1—2004)中附录I。

附录E 路面横向力系数评定

参照《公路工程质量检验评定标准》(JTG F80/1—2004)中附录K。

附录F 半刚性基层和底基层材料强度评定

参照《公路工程质量检验评定标准》(JTG F80/1—2004)中附录G。